LE RETOUR DE LA PAIX,

COMÉDIE,

EN UN ACTE EN VERS.

DE M. DE BOISSY.

Représentée pour la premiere fois par les Comédiens Italiens, le 22 Février 1749.

Le Prix est de vingt-quatre sols.

A PARIS,

Chez CAILLEAU, Libraire, rue S. Jacques, au-dessus de la rue des Mathurins, à S. André.

M. DCC. XLIX.

Avec Approbation & Permission.

LE RETOUR DE LA PAIX,

COMEDIE.

ACTEURS.

LA JOIE, Mademoiselle Sylvia.

UNE ACTRICE, Mlle Ricoboni.

LA DÉCENCE, Mlle Brianconelle.

M. BRUYANT, Avocat, M. Dehesse.

M. PRUDENT, Officier, M. Rochard.

ARLEQUIN déguisé en Bouquetiere.

TROUPE de Danseurs & de Danseuses.

La Scene est à Paris sur le Théâtre Italien.

LE RETOUR DE LA PAIX,

COMÉDIE.

EN UN ACTE EN VERS.

***

SCENE PREMIERE.

LA JOIE, UNE ACTRICE.

L'ACTRICE.

H bon jour, mon aimable Joie!
Quel plaisir de vous voir! quel bonheur
vous envoie?

LA JOIE.

C'est la fête du jour, le retour de la Paix.

LE RETOUR

L'ACTRICE.

Déja votre préfence eft un de fes bienfaits.

LA JOIE.

Comme il fait mon triomphe, & qu'ici c'eft mon centre
Je viens en faire les honneurs.

L'ACTRICE.

Viendra-t-elle aujourd'hui ?

LA JOIE.

Non, on l'arrête ailleurs;
Mais, ma chere, par-tout où j'entre
On eft fûr de la voir regner.
La guerre trop long-tems avoit fçu l'éloigner.
Dans ce beau jour qui la rappelle,
Je ne fçaurois trop éclater.
Je fuis fa fille, & comme telle,
Pour elle je dois écouter
Tous les mortels qui vont fe préfenter.
Je viens leur infpirer fon efprit qui m'anime ;
De tous fes zelés partifans
Recevoir l'encens légitime
Accorder tous les différens,
Marier tous les arts, unir tous les talens.
Je veux par ce moyen dompter les plus rebelles ;
Et faire voir à tout Paris
Un fpectacle nouveau, dont il fera furpris.
Plus de procès, plus de querelles.
Tous les Auteurs feront liés,
Ce nouvel an, des nœuds les plus fidelles.

Tous les Comédiens vrais dans leurs amitiés
Vivront sans nuls débats comme des Tourterelles.
La cordialité va regner chez les belles,
Et la fidelité chez les gens mariés,
  La bonne-foi chez les Notaires,
  Le scrupule chez les banquiers,
La probité chez tous les gens d'affaires,
  Et sur-tout parmi les Greffiers.

L'ACTRICE.

 Vous aurez une peine extrême
  A pacifier les esprits ;
Car la guerre a brisé le joug des plus soumis,
  Et la revolte a passé même
  Jusques dans le corps des maris.

LA JOIE.

Vos caramades sont unis ?

L'ACTRICE.

Pour me désesperer & pour me contredire !
  Quelque bon que soit mon avis,
Ils me font tous l'honneur de n'y jamais souscrire.
  Nos Sénateurs tiennent conseil
Pour vous donner sans doute un cadeau sans pareil ;
  Vous allez être parfumée
De leur encens joliment & dans peu.

LA JOIE.

J'entens, leurs soins me préparent un feu.

L'ACTRICE.

Qui ne fera pas fans fumée ;
Mais avant l'illumination,
Vous aurez ici Pantalon,
Le Docteur, Pierrot, Scaramouche ;
Qui vous divertiront ; & pour la bonne bouche,
Leurs amoureux viendront en langage romain
S'entretenir longtems du beau feu qui les touche.

LA JOIE.

Ils m'attendriroient trop : il fuffit d'Arlequin,
De Caroline & de Scapin.
Mais dites-moi, ma chere, aurai-je de la danfe ?
J'aime à fauter. C'eſt-là ma paſſion.

L'ACTRICE.

Vous en aurez en abondance ;
Sans qu'elle tienne à l'action ;
Et d'une décoration,
Pour comble de magnificence,
Je crois que nos Meſſieurs auront fait la dépenfe.

LA JOIE.

Tant mieux : j'aime l'éclat.

L'ACTRICE.

Un fpectacle François
Eut été plus décent, plus digne de la Paix,
Mais le bon gout chez nous a deferté la fcéne.
Depuis qu'ils ont réglé notre gouvernement,

DE LA PAIX.

La seule farce Italienne
Triomphe & regne impunément.
Cinq ou six vieux lazzis qu'on ne fait que rebattre
En forment tout le nœud, comme le sel piquant,
Les machines en font les grands coups de Théâtre,
Et les balets, le dénoument.

LA JOIE.

Tout est justifié par vôtre réussite.

L'ACTRICE.

Pour moi, j'en rougis en secret,
Et le Peintre, ou plutôt le Maître de Balet
En a le principal mérite,
Le reste de la gloire est pour les ouvriers,
Et nos premiers Acteurs sont de bons charpentiers.

LA JOIE.

Qu'importe si par eux vous êtes enrichie !
Vive l'Italien ! vive la Féerie !
Un ouvrage à construire, un palais à bâtir,
Ne coute qu'un moment, de même à démolir.
Heureux Theâtre, où l'on peut, sans écrire,
Mettre au jour une Piece, & ne sçavoir pas lire.

L'ACTRICE.

Ce bonheur est honteux, & n'est que passager.
Notre sort sera des plus tristes,
Quand le public prompt à changer,
Se lassera de voir en nous des machinistes :
Et le peu de françois, helas ! que nous sçavions

Depuis cette métamorphose ;
Miférables ! nous l'oublions.

LA JOIE.

Ah ! vous n'oubliez pas grand chofe ;
Et vous avez d'ailleurs l'art de vous retourner,
Et d'applanir tous les obftacles.
Par des enfans d'abord vous fçutes étonner ;
Enfuite par des feux, on vous a vu regner.
Et vos jeux maintenant brillent par des fpectacles :
Il eft d'autre moyens qu'on peut imaginer,
Apprenez le Chinois.

L'ACTRICE.

Ah ! c'eft trop badiner.

LA JOIE.

Mais je remplis mon perfonnage ;
Le vôtre eft de changer d'état & de langage :
Soyez tantôt François, tantôt Italiens,
Paroiffez à la fois, montrez-vous tout enfemble
Peintres, Artificiers, Danfeurs, Muficiens,
Parodiez chaque art, fans qu'aucun vous reffemble ;
Et foyez tout . . . .

L'ACTRICE.

Pour n'être rien.
Ce confeil n'eft pas pour notre gloire.

LA JOIE.

Il eft du moins pour votre bien.

DE LA PAIX.

Je vous parle en amie, & vous devez m'en croire.

L'ACTRICE.

Rétablissez plutôt le françois parmi nous.

LA JOIE.

Il vous faut des sujets; où les trouveriez-vous?
Quand même vous feriez cette heureuse rencontre;
Une Dame paroît, qui protesteroit contre.

SCENE II.

LA JOIE, L'ACTRICE, LA DECENCE.

LA DECENCE.

Non, fille aimable de la Paix,
Je l'invite plutôt à donner du François.
Le spectacle que je protege,
Quoiqu'il ait seul ce privilege,
Bien loin de l'empêcher, le trouvera très bon.

LA JOIE.

Il y peut perdre.

LA DECENCE.

Y gagner au contraire.

L'ACTRICE.

Apparemment par la comparaison.

LA DECENCE.

C'est un aveu que je n'osois vous faire.

L'ACTRICE.

Quel excès de ménagement !
A vous remercier, pardon si je balance ;
Vous êtes de ma connoissance,
Mais votre nom m'échappe en ce moment.

LA DECENCE.

Madame, je suis la Décence,
J'excuse cet oubli qui n'est pas surprenant.
Au théâtre François, je fais ma résidence ;
Et l'on me voit ici très-rarement.

L'ACTRICE.

Je n'observe pas moins vos loix exactement.

LA JOIE *à la Décence.*

Peut-on sçavoir quel objet vous attire ?

LA DECENCE.

L'heroïne du jour, vous-même, & de ce pas
Dans mon char qui m'attend la bas,
Au fauxbourg S. Germain je compte vous conduire.

L'ACTRICE.

Madame, ne nous quittez pas.

DE LA PAIX.

LA DECENCE.

On brûle de nous voir marcher d'intelligence,
Nous gagnerons à cet accord charmant.
A mon art, pour briller, il faut de l'enjoûment,
Et pour plaire, la Joie a besoin de Décence.

LA JOIE.

Sans le secours de ma présence,
Madame, vos héros triomphent maintenant.
Désormais leur puissance est trop bien établie.
Ils ne doivent plus craindre rien,
Depuis qu'ils ont pour leur soutien
L'Hercule de la Tragédie *.

L'ACTRICE.

On est sûr de tout vaincre avec cet appui-là,
Et jusqu'au plus haut point leur grandeur est portée,
Par celle de Catilina.
Nulle piéce jamais ne se vit écoutée
Avec tant de respect, & ne le merita.
Par sa réussite brillante,
Et par l'impression d'estime qu'elle a fait,
Les Acteurs enrichis, le public satisfait
Sont bien payez de leur attente,
Et l'Auteur, à sa gloire, a mis le dernier trait.

LA DECENCE.

Il est flateur pour ce grand homme,
De vous contraindre à l'admirer,

* M. de Crébillon, Pere.

LE RETOUR

Vous, qu'on redoute & qu'on renomme,
Par le talent de censurer.

L'ACTRICE.

C'est un tribut forcé, mais légitime,
Qu'à la critique même, arrache le sublime.
Il coute à l'amour-propre, on ne peut le nier,
Par bonheur on n'a pas souvent à le payer.
Cette flamme du ciel, ce vrai sublime est rare,
    Il faut longtems pour le saisir,
Et la nature encore en est si fort avare
Qu'un ou deux dans un siécle ont droit d'y parvenir.

LA DECENCE.

Mais plusieurs par le tendre, ont l'art de réussir,
Leur ouvrage est goûté

L'ACTRICE.

                Même avant que d'éclore :
    Grace à l'Acteur qui l'embellit,
    Il est brillant dans son aurore ;
    Le petit maître qui l'adore,
    Par son fracas en augmente le bruit,
Et de beaux yeux en pleurs l'accreditent encore ;
Par bonheur pour le goût qui souvent en gemit,
On imprime la piéce, & le charme est détruit.
Au théâtre ébloui d'un grand jour qui l'éclaire,
Le Spectateur voit mal, l'illusion le fuit.
Dans sa chambre à l'abri d'une pompe étrangere,
Le Connoisseur voit mieux, & le fantôme fuit.

LA DECENCE.

Vous triomphez alors.

L'ACTRICE.

Il est vrai, je suis franche ;
C'est avec volupté que je prens ma revanche.
J'aime à rire du larmoyant
Qu'on fait entrer par-tout

LA DECENCE.
En le parodiant.

Mauvais genre !

LA JOIE.

Pour lui je ne prens point les armes ;
Mais un genre à mon gré beaucoup plus révoltant,
Est celui qui, d'un autre, ose emprunter les charmes,
Et mariant les ris, sans cesse avec les larmes,
Par ce bizarre assortiment,
Fait un monstre des deux, en les dénaturant.
Sans alterer le repos de la terre,
On peut sur lui lancer des traits.
C'est un combat, c'est une guerre
Qu'on doit permettre dans la paix.

LA DECENCE.

D'une façon plus noble, il faut donc le combattre ;
Il faut que renaissant sur le même théâtre,
La bonne Comédie étouffe ses sanglots :
C'est aux rayons du vrai que s'éclipse le faux.
Un ouvrage applaudi, * que vous devez connoître,
Où vous brillez vous-même a commencé déja,
Un second triomphant peut-être achevera.
Venez chez les François, hâtez-vous de paroître ;
Un seul de vos regards pourra le faire naître.

* Le Méchant.

LE RETOUR

LA JOIE.

Je ne puis pour ce soir seconder vos ardeurs ;
  Mais demain donnez du Moliere,
Qu'il soit joué par tous les bons Acteurs ;
  Vous m'y verrez arriver la premiere ;
Et briller dans les yeux de tous les Spectateurs ;
  Voilà le digne & grand modéle,
Qu'on y doit proposer à vos jeunes Auteurs,
  Et contre l'attaque mortelle
Du froid poison des soupirs & des pleurs,
  Cet antidote est des meilleurs.

LA DECENCE.

Pour vous avoir ; il n'est rien qu'on ne fasse ;
Et je vais de ce pas disposer nos Messieurs
  A vous servir de bonne grace :
Nous vous annoncerons avec un compliment,
  Pour attirer une foule plus grande.

LA JOIE.

N'en faites rien, Madame, j'apréhende
  Le visites du jour de l'an,
L'ACTRICE *lui faisant la réverence.*
Madame, & moi, pareillement.

[*La Décence sort.*]

SCENE III.

SCENE III.

LA JOIE, L'ACTRICE.

L'ACTRICE.

SA politesse est des plus fades,
Je cours vous annoncer à tous nos camarades ;
Et j'adopte dans ces instans
L'esprit de notre corps qui vous caracterise,
Je me livre aux lazzis toute entiere, & je prens
La variété pour devise ;
La Marote pour arme, & Momus pour amant,
La Danse pour appui, le Chant pour supplément ;
Pour aide tout l'éclat que l'Optique déploie,
Pour regle le Plaisir, pour Loi l'amusement,
Pour guide la Folie, & pour ame la Joie.

Elle sort.

SCENE IV.

LA JOIE, ARLEQUIN en Bouquetiere.

ARLEQUIN.

Je viens, Madame, avec beaucoup de modestie
Vous marquer mon respect & mon attachement.

LA JOIE.

Qui donc êtes vous, je vous prie ?

ARLEQUIN.

J'ai l'honneur d'être une fille à talent.

LA JOIE.

Mais, quel talent encor ? Parlez il en est tant.
Tenez-vous à la Comédie ?

ARLEQUIN.

Oui, Madame, j'y tiens particulierement,
Et je m'y rens à pié tous les jours de ma vie,
A quatre heures du soir très-régulierement.
Qu'il pleuve, ou qu'il vente, il n'importe,
Nos Dames, nos Messieurs représentent dedans,
Et moi je figure à la porte.
J'engage l'entretien avec tous les passans.

DE LA PAIX.

LA JOIE.

Votre rôle est des plus brillans.

ARLEQUIN.

Je mets ma gloire à le bien faire.

LA JOIE.

Votre nom ?

ARLEQUIN.

C'est Fanchon, & je suis Bouquetiere.
J'ai le cœur tout gonflé d'une douleur amere ;
Et j'implore votre secours.

LA JOIE.

Dites, qu'avez-vous donc pour gémir de la sorte ?

ARLEQUIN.

On veut me débusquer & la brigue est très-forte ;
Car le mérite est envié toujours.
On a beau me noircir par de malins discours ;
Je suis fille d'honneur, ou le diable m'emporte.

LA JOIE.

Votre maintien l'annonce autant que vos propos.

ARLEQUIN.

Mes sentimens sont encore plus beaux ;
  On peut m'en croire & je suis franche:
Ma Reine, en ce moment, prennez de ma main blanche
Le plus joli bouquet qui soit dans mon pannier.
 Ce n'est pas tout, puisqu'il faut vous l'apprendre ;
Je n'ai pas seulement l'habileté de vendre
La grenade & l'œillet que je sçai marier,
J'ai celle de glisser encore un billet tendre.

LA JOIE.

Fort bien, vous possédez plus d'un talent flatteur,

ARLEQUIN.

Je dois à ce propos secrettement vous rendre
Un poulet de la part d'un zélé serviteur,
Qui vous parle pour moi, lisez sans plus attendre,

LA JOIE.

De votre audace, ici, je devrois vous punir,
  Mais mon caractere est d'en rire,
  Et je vais, pour m'en divertir,
Lire ce billet doux que l'on vient de m'écrire.
  Comme le jour permet de tout risquer,
Il donne aussi le droit de s'en moquer.

(*Elle lit*).

Je vous recommande, Madame,

DE LA PAIX.

Celle qui, de ma part, vous rendra ce billet.
C'eſt ma couſine de Bergame.
Elle eſt, pour ce Théâtre, un excellent Sujet.
Elle eſt folle, elle chante, elle danſe au parfait.
Eſſayez ſes talens ; on fera content d'elle,
Et vous obligerez, ma Reine, tout-à-fait
Arlequin votre ami fidéle.

(*Après avoir lû*).

Ce nom peut tout ſur moi, chantez Mademoiſelle.

ARLEQUIN *chante*.

Accompagnez ma voix, Tambours, Fifres, Baſſons.
Je ſuis pour les grands airs, & pour les hautes danſes.
Admirez tous, les éclats de mes ſons,
Et le brillant de mes cadences.

(*Il danſe enſuite un tambourin, & à force de tourner il fait la culbute.*)

LA JOIE.

C'eſt Arlequin, c'eſt vous. Pour payer ce lazzi,
Je vous éleve cette année
Au rang de premier favori.

ARLEQUIN.

Je préfere ce titre à celui de mari,
Et je veux célébrer cette heureuſe journée
Par un balet bien aſſorti.
Pour qu'il faſſe du bruit, je cours à tire d'aîles,

LE RETOUR

Rassembler toutes les vielles,
Tous les Tambours, les fifres de Paris;
Et je vous les amene avec tous nos amis;
Avec toutes nos Demoiselles.

LA JOIE.

Miséricorde, j'en frémis!

ARLEQUIN.

La fête sera des plus belles;
Nous n'aurons pas perdu nos frais;
Nous allons tous crier, vive la Joie,
Vive l'Amour, vive la Paix,
Vive le Roi qui nous l'envoye.

SCENE V.

LA JOIE, M. BRUYANT, M. PRUDENT
Officier, un bras en écharpe.

M. PRUDENT.

Charmante Joie, au plutôt jugez-nous.
Notre cauſe devient importante pour vous,
Puiſqu'elle touche votre mere.

M. BRUYANT.

Oui, quoique vous ſoyez, Madame, en même-tems
Juge & Partie en cette affaire,
Prononcez ſur nos différens.
Mes raiſons & ſur tout mes poulmons triomphans,
Me promettent d'avance une victoire entiere.

LA JOIE.

Vos qualités. Du fait, vous m'inſtruirez après.

M. BRUYANT.

Je m'appelle Bruyant, ma voix eſt un tonnerre.

M. PRUDENT.

Je me nomme Prudent, je parle par des faits.

LE RETOUR

M. BRUYANT.

Je suis un Avocat, qui plaide pour la guerre.

M. PRUDENT.

Je suis un Officier qui combat pour la Paix.

LA JOIE.

Un Soldat Philosophe ! un César pacifique !
    En même-tems un Ciceron guerrier !
    Parlez, Messieurs, ce contraste me pique ;
    Et je le trouve singulier.

M. BRUYANT.

La Guerre sur la Paix, mérite l'avantage ;
    Pour le prouver en quatre mots,
Je suis, quoiqu'Avocat, précis en mon langage.
    C'est elle qui fait les Héros,
Sous qui tout plie, à qui tout rend hommage :
Mais à la préférer, la raison qui m'engage,
Elle fait le soutien, la grandeur des Etats.
D'un tas de Vagabonds, elle purge la Ville,
Des plus mauvais Sujets, fait d'excellens Soldats.
    A tout le monde, elle est utile.
    Le Financier y gagne comme nous.
Le beau Sexe, l'été, nous voit d'un œil plus doux.
    Les Abbés même en sont plus agréables,
Les femmes sont six mois, sans revoir leurs époux,
Et trouvent au retour leurs amans plus aimables.

M. PRUDENT.

Oui, quand nous revenons estropiés, meurtris,
Nous sommes à leurs yeux des objets fort jolis.

DE LA PAIX.

Les éloges que vous en faites,
A la Guerre, Monsieur, ont beau donner le prix,
Elle ne plaît qu'à des femmes coquettes,
Qu'importune l'aspect de leurs tristes maris.
Mais elle est le fléau, mais elle est l'épouvante
D'une épouse fidelle, ou d'une tendre amante,
  Elle est la terreur des amis,
Elle est l'effroi d'une mere tremblante.
Chacun craint pour les jours d'un objet qu'il chérit;
Un coup fatal souvent le lui ravit.
Le bon mari, l'amant constant, le fils unique
Est par malheur le premier emporté;
Et l'ingrat petit-maître, ou l'époux tyrannique
Revient toujours en parfaite santé.

LA JOIE.

Oui, le malheur s'attache à la fidélité.

M. PRUDENT.

La Guerre brille en vain, trop d'horreur l'accompagne.
Chaque état, à tout prendre, y perd plus qu'il n'y gagne;
Si Mars, de Libertins, délivre la Cité,
D'utiles Laboureurs, il prive la campagne.
Le Commerce languit, & les Arts sont aux fers,
  Tous les Spectacles sont déserts.

M. BRUYANT.

Avec plus de splendeur, l'hyver, ils réfleurissent.
Pour l'Esprit & les Arts, bien loin qu'ils dépérissent,
Mille Essains tous nouveaux de Poëtes sont nés.

M. PRUDENT.

C'est encore, Monsieur, un fléau de la Guerre;
Tous les honnêtes gens en sont assassinés.

LA JOIE.

Leurs Ecrits, cette année, affligent moins la terre.

M. BRUYANT *avec enthousiasme.*

Rien, quoique vous disiez, n'égale les combats;
  J'aime à les lire dans l'Histoire.
Là, de César, j'accompagne les pas,
Je me transforme en lui, je jouis de sa gloire;
  Tout céde à l'effort de mon bras.
  A ma voix, la victoire vole,
Et je suis triomphant, quand je parle aux Soldats.

LA JOIE, *à M. Prudent.*

Ah! nous sommes perdus; coupez-lui la parole.
S'il harangue l'Armée, il ne finira pas.

M. BRUYANT.

Compagnons, suivez-moi, marchons contre Pompée;
Ce fer que j'ai tiré va lui . . . . .

M. PRUDENT.

    Dans le fourreau,
  Monsieur, remettez votre épée.
  Vous êtes un César nouveau
Dans votre cabinet, & loin de la mêlée,
Vous y voyez de loin toujours la Guerre en beau;

Si comme moi de près, vous l'aviez contemplée,
Dégoutante de sang, horrible, échevelée;
Votre ame s'en feroit tout un autre tableau.

LA JOIE.

Oh! d'une hotrible peur elle feroit troublée.

M. BRUYANT.

Non, vrai, d'honneur; je suis intrépide.

M. PRUDENT.

Au Barreau.

LA JOIE.

Ce n'est pas son champ de bataille;
C'est au Palais Royal que sa valeur travaille,
C'est là qu'il prend des murs, qu'il livre des assauts;
Et qu'il y fait monter notre Cavalerie.
L'autre jour, il faut que j'en rie,
Monsieur, d'un bras vainqueur, y plantoit nos drapeaux,
Quand un coup de canon parti de la Bastille,
Déconcerte le siége, où son courage brille,
Et fait pâlir notre Héros.

M. BRUYANT.

Jugez notre Procès pour trancher tout propos.

LA JOIE.

Il l'est déja, Monsieur.

M. BRUYANT.

Comment donc je vous prie ?

LA JOIE.

Mais aujourd'hui qu'on le publie ;
La Paix a gain de cause, & la Guerre a perdu ;
Mon Arrêt est celui que Louis a rendu,
Et qui prouve pour nous sa tendresse infinie.

M. PRUDENT.

Ce jour est le plus beau, le plus doux de ma vie :
C'est pour la Paix que j'ai tant combattu.
Je n'ai plus de regret à ce bras qu'il m'en coûte ;
Il est trop bien payé, puisqu'elle en est le prix :
  Et pour la rendre à mon Pays,
Je verserois mon sang, jusqu'à la moindre goûte.

M. BRUYANT.

Par cet Arrêt je me vois confondu ;
Mais je ne me tiens pas encore pour battu.
Je sens dans ce moment ma fureur qui redouble.
J'irai souffler demain la discorde au Palais,
Et pour mieux me vanger de vous & de la Paix ;
Aux Spectacles ce soir, je cours porter le trouble.
Malheur aux Pieces qu'on jouera.
 Pour commencer, d'abord je vais à l'Opera,
Voir la belle Platée, & son peuple aquatique.
On entendra, Madame, une belle musique.

M. PRUDENT.

Tout beau, je suis son zélé serviteur,
  Et qui plus est, le défenseur
  De la tranquilité publique.

M. BRUYANT.

Je puis pour mon argent exercer ma critique.

M. PRUDENT.

Pour elle encore un coup montrez-vous circonspect,
A son pere, sur tout portez plus de respect.

M. BRUYANT.

  Mon esprit en cela....

M. PRUDENT.

      Se brouille.
  Ce fameux maître en gé-ré-sol,
  Fait mieux croasser la grenouille,
Que les autres ne font chanter le rossignol.

M. BRUYANT.

Je cours donc aux François, leur * école est publique.
  J'y vais moraliser un peu
  Et saluer Madame Enrique.

M. PRUDENT.

Non, arrêtez, je suis partisan de leur jeu,
 * L'Ecole de la Jeunesse.

M. BRUYANT.

Votre amitié défend tout le monde, morbleu,
Et de tous les côtés me ferme paſſage,
Mais il faut ſur quelqu'un que j'exerce ma rage,
Rien ne me retient plus, & puiſqu'il eſt ainſi,
La foudre va tomber ſur ce théâtre ici.
  Il mérite la préférence,

M. PRUDENT.

Prenez garde, je ſuis leur ami familier,
  Et qui les outrage, m'offenſe,

M. BRUYANT.

  Vingt eſcadrons ne ſçauroient m'éfraïer,
Et de ce même pas, je deſcens au parterre,
  [*D'un ton tragique.*]
Si de flamme & de cris, Paris eſt affamé,
Jamais de tant de feux, cet hôtel n'a fumé.
A mon aveugle ardeur, tout ſera légitime,
Juſques à mes voiſins, tout ſera ma victime.
L'artificier tremblant aura beau ſe cacher,
L'ouvrage de ſes mains deviendra ſon bucher.
Je ne reſpecterai dans ce déſordre extrême,
Ni le décorateur, ni l'orqueſte lui-même.
La Piéce, les Acteurs, je vais tout foudroyer :
Mes cris immoleront Scapin tout le premier.
Je ferai de leur ſale une ſeconde Troye,
Et d'un coup de fiflet, je percerai la joie.
  à la Joie.
De votre arrêt, alors voyant les triſtes fruits,
Reconnoiſſez les coups que vous aurez conduits.
     Il ſort.

SCENE VI.

LA JOIE, M. PRUDENT.

LA JOIE.

AH! si vous n'arrêtez la rage qui l'inspire,
La guerre va renaître au lieu même où je suis :

M. PRUDENT.

Non, la paix regnera, j'ose vous le prédire.
Croyez du moins, croyez que tant que je respire
Bruyant & ses pareils auront beau cabaler,
Il suffit de ce bras pour les faire trembler.
Dans ce moment rassurez donc votre ame.
Au parterre à mon tour, je cours me transporter ;
Pour vous, pour nos amis, j'y parlerai, Madame,
Et comptez qu'en tout tems, pour s'y faire écouter,
Un Officier manchot, sans aucune hyperbole,
Vaut cinquante Avocats des plus forts en parole.
Il sort.

SCENE VII ET DERNIERE.

LA JOIE *au Parterre.*

Malgré l'appui dont il l'ose flatter
La joie est incertaine, elle attend sa sentence ;
Mais la paix doit vous la dicter.

Le jour qu'on la publie, est un jour d'indulgence :
Au Parterre, Messieurs, elle doit habiter ;
  Que la Critique s'en éloigne.
A l'accord général, daignez donc vous prêter,
  Que votre main me le témoigne,
  Et mes transports vont éclater.

La Piéce finit par le Divertissement Pantomime des Enfans.

Vû l'Approbation. Permis d'imprimer à la charge d'enregistrement à la Chambre Syndicale. Ce 4 Mars 1749. BERRYER.

Registré sur le Livre de la Communauté des Imprimeurs & Libraires de Paris, N°. 3360. conformément aux Reglemens, & notamment à l'Arrêt du Conseil du 10. Juillet 1745. A Paris le 6 Mars 1749.
  G. CAVELIER Pere, *Syndic.*

Piéces imprimées depuis 1747, 1748 & 1749.

Les Tableaux, Comédie.
Le Printems, Com.
La Dispute, Com.
Le Préjugé vaincu, Com.
L'Amour Castillan, Com.
L'Ecole Amoureuse, Com.
Aphos, Com.
La Gouvernante, Com.
Le Méchant, Com.
Amestris, Tragédie.
Venise sauvée, Trag.
La Rivale Suivante, Com.
L'année Merveilleuse, Com.
La Mort de Bucephale.
Les Petits-Maîtres, Com.
Le Miroir, Com.
Critique Scene par Scene de Semiramis de M. de Voltaire.
Les Métamorphoses, Com.
Le Plaisir, Com.
Denis le Tyran, Tragédie.
Benjamin, Trag. Chrétienne.
Catilina, Trag.
Le Retour de la Paix, Com.
Le Rival supposé.

www.ingramcontent.com/pod-product-compliance
Lightning Source LLC
Chambersburg PA
CBHW060503050426
42451CB00009B/798